An Cearcall

. . . agus sgeulachdan eile

Air fhoillseachadh ann an 2002 le Acair Earranta,
7 Sràid Sheumais, Steòrnabhagh, Eilean Leòdhais.

Deilbhte, dèanta agus deasaichte le Acair Earranta
An còmhdach Mairead Anna Nicleòid
Clò-bhuailte le ColourBooks, Baile Ath Cliath.

Chuidich Comhairle nan Leabhraichean
am foillsichear le cosgaisean an leabhair seo.

LAGE/ISBN 0 86152 732 1

An Cearcall

. . . agus sgeulachdan eile

Torcuil MacRath

CLAR-INNSE

AN CEARCALL

An oidhche ud ann an Steòrnabhagh bha coinneamh mhòr an Talla a' Bhaile a' deasbad ann am Beurla mu *Gaelic Culture*. Bha 'n t-àite an ìre mhath làn. Bha mi air cuireadh fhaighinn, math dh'fhaodte gus an àireamh a dhèanamh suas. Co-dhiù, cha bu luaithe a shuidh mi sìos am measg chàich na bhuail e orm nach robh lorg sam bith agam air gu dè bu chiall dhan chuspair a bh' ann.

Thàinig e a-steach orm gur dòcha gu robh ceangal aig an t-seòrsa bìdh a bh' againn ris a' chuspair a bh' aca: truinnsear lite, aran coirce - gun ghuth a thoirt air an sgadan bhlasta a bhiodh a' tadhal air na lochan mara. Ach mas e sin *Gaelic Culture*, tha eagal orm gu bheil na freumhan air crìonadh.

Bha aon rud ann nach do chrìon: bha cagnadh còmhraidh gu leòr an Talla a' Bhaile an oidhche ud. Mar bu teotha bha a' chùis a' fàs, 's ann bu trice a chluinnte tàthag ga toirt seachad thall 's a-bhos mar bu dual. Mu dheireadh thall fhuair mi facal a-steach agus lìbhrig mi a' cheist a bha a' ruith air m' inntinn.

"Bheil duine fo na cabair seo," dh' fhaighnich mi, "a dh'innseas dhòmhsa gu dè tha sinn a' ciallachadh le *Gaelic Culture*?" Chuala mi gnùsta an siud 's an seo agus bha beagan gearain ann mar gum bithinn air rudeigin a ràdh a bha fada seach an rathad; ach freagairt dhan cheist agamsa, cha robh sin ri fhaighinn anns an fhàrdaich ud.

Cha robh e ro fhada às dèidh sin gus an tàinig pàipear gu mo làimh anns am faca mi briathran sònraichte air na rinn m' inntinn grèim - còmhradh a chualas aig Innseanach Ruadh. Bha esan beò an Aimeireagaidh anns an naoidheamh linn deug. "Tha an cearcall briste," ars esan. Shaoil leam gu robh na facail sin a' freagairt air an eachdraidh againne mar air eachdraidh an Duine Ruaidh, agus a' toirt barrachd lèirsinn dhomh na càil a chuala mi an Talla a' Bhaile an oidhch' ud air an tug mi iomradh.

Rinn esan mar a dh'iarr an seanfhacal Gàidhlig: "Innis beag e agus innis gu math e." Thug e seachad dealbh ann am beagan fhacal air an lèirsgrios a thàinig air na daoine aige ri linn an Duine Geal a thighinn nan lùib. Tha fios aig an t-saoghal air an eachdraidh - mar a dhèilig riaghaltas Aimeireagaidh ri na Daoine Ruadha le foill is fòirneart. Bha 'n gnìomh a bh' ann coltach ris an ionnsaigh a thug na Nàsaich air na h-Iùdhaich nar latha fhìn.

Tuigear bhon leabhar-là bh' aig Henry Thoreau gu robh an Duine Geal gu tric a' losgadh air an Duine Ruadh mar gum biodh e a' cur peilear ann am beathach fiadhaich. "A-rithist," arsa Thoreau, "tha luchd-eachdraidh a' nochdadh an aon seòrsa gamhlais dha le peann an àite raidhfil." Ach cha do stad an gamhlas an sin idir.

Gu dearbha, rinneadh spàirn gus cultar agus cànain nan Daoine Ruadha a dhubhadh às. Bha dùil seo a thoirt gu buil le bhith a' stialladh na cloinne air falbh bhom pàrantan ach an deigheadh am fighe a-steach ann an dòighean an Duine Ghil. Mar sin bhiodh cànain agus cultar a' dol air dìochuimhne. 'S cinnteach leam gu bheil na thachair ris an Duine Ruadh air an rathad seo a' faighinn freagairt nar n-eachdraidh fhìn mar Ghàidheil, a' dùsgadh mac-talla mar gum bitheadh.

Ma bha cultar an Innseannaich ann an cunnart thall an Aimeireagaidh anns an naoidheamh linn deug, bha a' Ghàidhlig anns an dearbh staing a bha sin a-bhos air an taobh seo dhen Chuan Shiar. Mar dhearbhadh air a' phuing sin, chan urrainn dhomh nas fheàrr a dhèanamh na sùil a thoirt air na thuirt am bàrd: Eòghann MacColla. Bha esan na shùil-fhianais air mar a chaidh dèiligeadh ris a' Ghàidhlig anns na sgoiltean Gàidhealach na linn fhèin.

Rugadh Eòghann MacColla anns a' bhliadhna 1808, mu chòig mìle bho Inbhir Aora an Earra Ghàidheal far na chuir e seachad làithean òige. Mun bhliadhna 1838 nochd leabhar bàrdachd uaithe fon ainm *Clàrsaich nam Beann*. Anns an treas clò-bhualadh, 1886, thug am bàrd geàrr-chunntas air innleachd a chaidh a dhealbh anns na sgoiltean gus toirt air a' chloinn a' Ghàidhlig a sheachnadh. Seo an rud ris an cante "An Gad".

'S e bha seo ach claigeann eich. Bhiodh am beathach air a bhith marbh airson greis mhath, an claigeann na laighe air a' ghlasaich, air a thodhar gus na dh'fhàs e geal. Bha na cnàmhan sin air an cur air sreang mar iasg air gad, agus anns an sgoil bha sin a' dol mu amhaich a' chiad duine cloinne aig

an cluinnte facal Gàidhlig. Chan fhaigheadh esan
cuidhteas e gus an tuiteadh facal dhen chànan bho
thruaghan eile.

Anns an naoidheamh linn deug bha Ìmpireachd
Bhreatainn aig a h-àirde agus a h-uile coltas ann gu
maireadh i iomadh linn. Aig an àm a bh' ann bha
beachd a' tighinn à Lunnainn, bho luchd an
fhoghlaim, gum bu chòir sluagh Bhreatainn a bhith
fon aon uime - fo bhratach na Beurla, mar gum
bitheadh. Cha robh tròcair gu bhith ann dha na cànain
Cheilteach mar a' Ghàidhlig, a bha air iomall na tìre.

'S e seo bu choireach, anns a' bhliadhna 1889, gun
dh'fhàg fear James Wood ceann a tuath Shasainn gu
ruigeadh Rànais air na Lochan ann an Leòdhas, far an
robh e gu bhith na mhaighstir-sgoile. Bha e pòsta is
aon bhalach aige. A rèir aithris, thàinig Mgr Wood a
Rànais a dh'aon ghnothaich gus a' Ghàidhlig a chur à
bith. Chan urrainn nach robh an dearbh rud a bha
seo a' tachairt air feadh na Gàidhealtachd agus anns
gach dùthaich Cheiltich eile, mar a' Chuimrigh agus
Èirinn. Cha b' ann thall an Aimeireagaidh a-mhàin a
bha 'n t-olc.

'S ann ann an 1900 a dh'fhàg Mgr Wood Rànais.
Eadar 1889 agus a' bhliadhna sin thachair rud
inntinneach. Mar bu dual do bhalach, bhiodh mac
a' mhaighstir-sgoile a' cluiche còmhla ri cho-aoisean
fhèin is cha robh smid a' dol ach Gàidhlig. 'S e buil
sin gun chaill am balach a' Bheurla. Ach feumaidh e
bhith gu robh cùisean gu math dòigheil eadar e fhèin
agus a charaidean.

Mòran bhliadhnaichean às dèidh sin thill esan air ais a Leòdhas a dh'fhaicinn na feadhainn a b' aithne dha na òige. Bha seo ann an 1966 - b' esan a-nis an Dotair John Wood, a bha air ùine a chur seachad an Afraga agus a bha na eòlaiche air galairean tropaigeach. Ann an sgoil Rànais bha e a' còmhradh ris a' chloinn ann an Gàidhlig agus ann am Beurla. Le sin, chan urrainn nach robh a' Ghàidhlig aige fad an t-siubhail.

Cha leig duine a leas eagal a bhith air gun caill e a' Bheurla le bhith fuireach ann an Sgìre nan Loch san là a th' ann. Ach tha ceist eile an cois sin. Ma bha an cànan làidir anns an tìr seo aig toiseach na linne, mar a tha fios is cinnt gu robh, ciamar a-rèist agus cuin a thàinig am briseadh? Mur eil mi air mo mhealladh, thachair sin an lùib sgrios a' Chogaidh Mhòir. Bha na Gàidheil len cuid Gàidhlig air am bàthadh anns an fhairge - an còrr nach deach fon fhòd air an Somme.

Chunnaic mi a' bhuaidh a bh' aig an sgrios a bh' ann nuair a bha mi ag èirigh suas anns na Ficheadan, ged nach do thuig mi aig an àm dè bh' ann. Chan e a-mhàin gu robh dìth cosnaidh anns an tìr is daoine òga a' togail orra a-null thairis, ach bha dubhachas a' riaghladh am measg an t-sluaigh mar thoradh air a' chall a thàinig ri linn a' chogaidh.

Tha 'n dual sin a' ruith tron t-seanchas seo agus thig e a-rithist an uachdar nas fhaide air adhart. Saoil an e seo an duais a fhuair na Gàidheil airson an dìlseachd do dh'Ìmpireachd Bhreatainn - gu faodadh iadsan a ràdh mar a thuirt an Duine Ruadh: 'Tha 'n cearcall briste'?

Le fios dhomh cha deach sgrùdadh a dhèanamh a-riamh air a' bhuaidh a bh' aig a' chogadh ud air na Gàidheil, ach thug na Daoine Ruadha iomradh ann an còmhradh pongail geàrrtach air mar a dh'èirich dhan t-sluagh acasan. Ged as neònach ri aithris e, tha an eachdraidh acasan agus agamsa ann an dòigh co-ionann.

Bha dàimh spioradail acasan ris an t-saoghal a bha mun timcheall, agus mar neach a chaidh àrach am measg chnoc is ghleann, tuigidh mi sin, oir sin gu ìre fàth mo sheanchais. A-rithist, mus do ghoid na Daoine Geala an dùthaich orra, bha iadsan an urra ri nàdar airson am beòshlaint. Mar a chì sinn, b' e sin gu ìre an eachdraidh agamsa cuideachd.

CAOCHLAIDHEAN

Chan eil beachd sam bith agam cò e an seann duine air am biodh mo dhaoine gu tric a' bruidhinn. Faodaidh e bhith gu robh e ann cho fada air ais ann an eachdraidh ri linn nan draoidhean. Co-dhiù, cha ghann nach cuala mise mun t-seòrsa aimsir a bha esan ag iarraidh fa chomhair gach ràithe a bh' anns a' bhliadhna. B' e seo a mhiann:

Geamhradh reòthanach,
Earrach ceòthanach,
Samhradh breac riabhach,
Foghar geal grianach.

Ach mar a tha an seanfhacal ag ràdh, nach iomadh rud a chì an duine bhios fada beò. Thug mi greis a' meòmhrachadh air an iarrtas a bha aig an t-seann duine ud, agus 's e mo bheachd nach leigeadh e a leas mòran dùil a bhith aige ri geamhradh reòthanach nam biodh e timcheall san là a th' ann. Sin gu dearbha brìgh mo sheanchais, gun tàinig caochladh air an aimsir thairis air na bliadhnaichean a dh'fhalbh. Mar dhearbhadh air sin bheir mi iomradh air loch uisge a tha goirid dhomh far a bheil mi a' fuireach.

Gluaisidh nàdar beag air bheag agus, mus seall thu riut fhèin, tha an nì a th' aigc san amharc air a thighinn gu buil. Sin mar a thachair dhòmhsa a thaobh an loch a bha siud. Aon là anns na 1970an thug mi an aire nach robh mi a-nis a' faicinn air an uisge ud anns an ràithe gheamhraidh ach sgàilean beag de dheigh an siud 's an seo. Mar sin, 's e an loch an t-slat-thomhais a tha agam air mar a dh'atharraich an aimsir.

Tha e furasta a thuigsinn gu bheil na h-uiread de bhuaidh aig anail na mara air an reothadh; ach eadhan anns na h-Eileanan Siar bhiodh dùil ri geamhradh reòthanach anns an aimsir a dh'fhalbh - làithean goirid grianach 's an oidhche a' tuiteam gu cabhagach le reothadh trom. Seo an rud ris an canadh iad 'sìde na h-ionad'. Bhiodh dùil ri sin, uair no uaireigin, anns an ràithe gheamhraidh, le dòrtadh sneachd aig toiseach na cùise.

Gu nàdarrach, 's ann a rèir neart an reothaidh a bhios tiughad na deighe. Bidh sin buileach fìor ma leanas an reothadh airson ùine, mar a thachair anns a' bhliadhna 1935. Air a' gheamhradh sin bha an deigh air an loch cho tiugh 's gum biodh sinne a bha nar balaich a' cluiche ball-coise oirre. Cuideachd, ràinig sinn eilean a th' ann am meadhan an locha, agus a' chiad uair a chuir mi mo chas air tìr ann shaoil leam gu robh mi nam sheasamh air talamh nuadh air nach do choisich duine a-riamh.

Tha amharas agam gun tàinig sinn tarsainn an sin air seann eachdraidh air am b' fhiach dhomh iomradh a thoirt san dol-seachad. Tha sloc ann am meadhan an eilein agus chan eil an teagamh as lugha ann nach e làmh duine a dhealbh e. Chanainn gum biodh ceithir troighean de dhoimhne ann an là a chaidh a dhèanamh, no 's dòcha barrachd. A-nis tha mòran lochan uisge air an astar seo agus grunn eileanan air feadhainn dhiubh, ach chan eil ach aon eilean eile air a bheil sloc dhen t-seòrs' ud. Saoil an e seo far am bite a' cur deoch-làidir air falach?

A' tilleadh air ais gu fàth mo sheanchais, feumaidh mi a ràdh nach eil lorg sam bith agam gu dè an tiughad a bh' anns an deigh ris na dh'earb sinne sinn fhìn a' dol chun an eilein. Ach mar a chì sinn, chan eil teagamh sam bith ann nach robh i làidir. Mar a bha a' chùis, bha 'm baile air an dàrna taobh dhen loch agus am monadh air an taobh eile. A-muigh an sin bha mòine dhubh, agus bhite ga buain 's ga rùdhadh far an robh i nuair a bhiodh i deiseil. Bha i air leth tioram agus bheirte dhachaigh i bho àm gu àm ann am poca no ann an cliabh.

Là dhe na bh' ann, anns a' gheamhradh an 1935, thàinig boireannach òg tarsainn air an deigh, pìos a-mach bho oir an locha, le cliabh air a druim, làn dhen mhòine dhuibh air an tug mi iomradh. Cha b' e eallach aotrom a bh' aice agus cha robh i fhèin air an fheadhainn a b' aotroime a bharrachd.

Cha robh geamhradh rim chiad chuimhne nach fhaicte a' bhiast-dhubh, an tighinn an là no an tuiteam na h-oidhche, a' dol thairis air an deigh gu taobh eile an locha. Bhiodh gach allt is loch anns a' mhonadh reòthte is bha ise a' dèanamh chun na mara an tòir air an iasg a bha ri fhaighinn an sin. 'S fhada bho nach fhacas làrach nan spògan aice anns an t-sneachd air an loch ud. Ma thèid i tarsainn an-diugh, 's ann air an t-snàmh, rud a tha na chomharra air mar a dh'atharraich an aimsir.

Mar a bha geamhradh 1935, 's ann cuideachd a bha geamhradh 1947: air leth reòthte. Lean an reothadh gu math a-steach dhan earrach. Air a' bhliadhna sin, air loch ann an Leòdhas, fhuaireas bric, a rèir aithris, a bha reòthte anns an deigh. Feumaidh e bhith gu robh an loch sin ann am meadhan na mòintich no aig astar math air falbh bho anail na mara. Ach biodh sin mar a dh'fhaodas, tha fios agam air mo shon fhìn gu robh na geamhraidhean a thàinig às dèidh a' chogaidh gu math reòthanach.

Aig an àm sin bha mi a' strì ri crodh is caoraich. Lean mi ris an obair sin tro na 50an agus suas gu deireadh nan 60an. Thairis air na bliadhnaichean sin chan fhaca mi an loch ud gun e còmhdaichte le deigh, uair no uaireigin, anns an ràithe gheamhraidh. Gun teagamh, cha threabh gach bliadhna ga chèile: gidheadh, 's ann ainneamh a chunnaic mi geamhradh - ma bha e idir ann - nach fheumainn an t-òrd mòr airson an deigh a bhriseadh am bòrd an locha ach am faigheadh an crodh deoch.

Mar sin bhithinn ag iarraidh an aiteimh: bhiodh mo shùil air an àirde 'n iar-dheas ach am faicinn casan-carbain fon ghrèin - comharradh na gaoithe mòire. Nuair a thigeadh an t-aiteamh bhiodh fuaimean sònraichte ann nach cluinn mi an-diugh.

Cha bu luaithe a chailleadh an reothadh a ghrèim na leigeadh an deigh ràin aiste agus chìte sracadh oirre tarsainn an locha. Bhriseadh i às a chèile, beag air bheag, na leacan. Leanadh am fuaim airson dà là no trì fhad 's a bhiodh gaoth làidir a' sluaisreadh nan leacan ri cladach an locha. Tha co-dhiù deich bliadhna fichead ann o nach cualas na fuaimean sin air an astar seo.

Mar a dh'atharraich an aimsir, 's gann gun creid an òigridh an eachdraidh a th' agam ri aithris: chan fhaca iad a-riamh an loch dùinte le deigh. An-diugh, ma chithear sgàilean de dheigh ri bòrd an locha, their cuideigin, "Bha reothadh trom ann a-raoir." Ach 's ann diombuan a bhios an deigh sin. Mar cheò na maidne, cha bhi lorg oirre mus tig meadhan-latha. Mar an ceudna, chunnaic mi anns an Dùbhlachd an Cliseam is còmhdach geal de shneachd oirre. Dà là às dèidh sin bha mi ga faicinn air fàire liath-gorm gun sneachd na còir.

Gu dè bu choireach gun tàinig caochladh air an aimsir, chan eil fios agam le cinnt sam bith, agus tha mi a' dèanamh dheth gu bheil luchd-saidheans anns an aon cheò rium fhìn a thaobh a' chuspair seo. Faodaidh e bhith gu robh an aimsir o thùs a' dol timcheall ann an cearcall, mar gum bitheadh. Mas fìor sin, thigeadh caochladh bho àm gu àm. Cò aige tha fios nach fhaca mi an eachdraidh sin sgrìobhte anns a' mhòine air an robh mi cho eòlach nam òige.

FÀD IS CLACH

Dà rud air an robh mi glè eòlach - fàd is clach. Tha cho
fada bho bhuain mise a' chiad fhàd mònach 's nach
cuimhne leam cuin a bh' ann. Agus rè nam bliadhnaichean
bhiodh mo làmh-sa san obair gach turas a thigeadh àm
buain-mhònach. Ach 's e 'n fhìrinn nach eil mòran
a' strì ris an obair seo an-diugh. Cha leig iad fhèin a
leas. Tha barrachd airgid ann an-diugh na bh' ann nuair
a bha mise nam bhalach, agus a' freagairt air sin tha
caochladh sheòrsachan connaidh - gual, dealan agus ola.

   Cha b' e gum bu dona a' mhòine mar chonnadh.
Is minig air oidhche fhuair gheamhraidh a ghar mise
mi fhìn ris a' ghealbhan ud. Bha gun teagamh saothair
na lùib mus ruigeadh am blàths aice ort. Cha b' e idir
là buain-mhònach an rud bu mhiosa bha mu
timcheall - bha rùdhadh agus ath-rùdhadh romhad
mus biodh i tioram agus deiseil gus a toirt dhachaigh.
Chan eil fios agam dè as adhbhar dha, ach saoilidh mi
gu bheil a' mhòine san là a th' ann a' tiormachadh nas
luaithe na b' àbhaist dhi.

   Bha na seann daoine a b' aithne dhomh a' cumail
a-mach gu robh àm sònraichte dhen bhliadhna anns
am biodh a' mhòine abaich agus freagarrach airson a
buain. Mas math mo chuimhne, 's e toiseach a' Chèitein
a bh' aca san amharc. Nan deigheadh meur a chur
oirre roimhe sin, chanadh iadsan nach tugadh a'
mhòine sin seachad a leth uimhir de bhlàths ris an tè
a fhuair cothrom abachadh.

Chanainn gu robh iad a' faicinn na mònach mar rud a bha a' fàs gu nàdarrach - co-dhiù, bha iadsan na b' fhaisge air nàdar na bha sinne. Bha rud eile ann cuideachd: a' bruidhinn san fharsaingeachd, tha mi a' dèanamh dheth gu robh inntinn na b' fhosgailte aig an duine a bh' air a thighinn gu ìre ro 1914 na bh' aig an duine a thàinig às dèidh sin. Ma thèid mi a rèir m' fhiosrachaidh fhìn, cha b' e an aon seòrsa duine a bh' agam.

Thèid mo chuimhne fhìn air ais gu deireadh nam Ficheadan agus toiseach nan 1930an. Aig an àm sin bha corra dhuine liath fhathast timcheall a bha mach às an àbhaist. Bha caractar an siud 's an seo. A' toirt sùil air ais, chì mi gur e a dh'fhàg na daoine sin sònraichte gun ghlèidh iad an inntinn fhèin. Nam measg bha Dòmhnall MacLeòid, ris an cante Doidh.

Aig an àm ud bhiodh na ceàrdan a' tadhal gu tric air a' bhaile againn, agus am ministear bho àm gu àm. B' e èildear a bh' ann an Doidh, agus sin aon rud a bha sònraichte mu dheidhinn - bha 'n ceàrd agus am ministear aige fon aon uime. Cha robh e a' coimhead sìos air an dàrna fear no suas ris an fhear eile.

Là dhe na bh' ann thàinig am ministear dhan bhaile agus bha esan a' còmhradh ri Doidh. "Dhòmhnaill," ars am ministear, "chan fhaca mi aig cùirt an t-seisein sibh." "A Chaluim, a bhalaich," fhreagair Doidh, "tha seisean ann an sin, an seisean agadsa, ach bha mi ann ged nach fhac' thusa mi." Cha robh dà bheul an siud idir.

Shaoil leam gu faca mi samhla air an eadardhealachadh a bha eadar na seann daoine agus sinne

anns an leabhar *The Captive Mind,* leis an ùghdar
Phòlach, Milos Gzeslaw. Thug esan seachad dealbh
air mar a ghlac an creideamh Comunnach inntinnean
dhaoine air taobh an ear na Roinn-Eòrpa, agus tha mi
am beachd gur ann mar sin a dh'èirich dhuinne a
thàinig gu ìre às dèidh a' Chogaidh Mhòir. Chaidh
sinne mar an ceudna a ghlacadh le creideamh a bha an
dà chuid dubhach agus cumhang.

Togaidh mi eisimpleir air a' phuing seo gun a dhol
nas fhaide na là buain-mhònach. Nuair nach robh
lorg air na seann daoine, bha mi fhìn agus caraid
a' buain an là bha seo. Am poll air an robh sinn ag
obair, bha ceithir fòid ann nuair a chaidh fhosgladh
an toiseach - mu shia troighean de riasg, chanainn -
ach bha na fòid a b' àirde a-nis air ruith a-mach agus
mar sin bha sinne ag obair air na dhà a b' ìsle.

Airson a' chiad leth dhen là bha mo charaid a' buain
agus mise a' tilgeil an fhòid, a' dèanamh sgaoilteach dhe
na fàdan air a' bhlàr far am faigheadh grian agus gaoth
cothrom orra gan tiormachadh. Turas dhe na bh' ann
thilg mi fàd, stad mi agus thug mi sùil timcheall.
Thuirt mi às mo ghuth-thàmh, "An dùil cia mheud
mìle bliadhna a chaidh thairis air an t-saoghal seo mus
do ràinig a' mhòine an ìre aig an robh i an là a chaidh
am poll seo fhosgladh an toiseach?"

Thug mo charaid sùil amharasach orm agus
dh'aithnich mi nach do chòrd mo chòmhradh ris.
"Tha còir fios a bhith agad," fhreagair e, "nach b' e fàs
a rinn a' mhòine mar a tha thusa a' cumail a-mach.
An là a chaidh am poll sin fhosgladh," ars esan, "bha

a' mhòine mar a chruthaich an Tighearna i."

Bha e soilleir dhòmhsa nach robh an cuspair a thog mi a' dol a dh'fhaighinn mòran èisteachd air an fhonn ud. Ach thàinig mi an uair sin air seòl eile. "Nach eil e ceart agus reusanta," dh'fhaighnich mi, "gum biodh a smaointean fhèin aig gach neach ge air bith dè an cuspair a tha fa chomhair." "Chan eil sin," ars esan, "ceadaichte dhòmhsa." Faodaidh mi bhith air mo mhealladh, ach tha mi a' dèanamh dheth gur e dìleab a' Chogaidh Mhòir a bh' aig mo charaid - an inntinn air a glacadh mar isean ann an lìon. Gidheadh, bha eachdraidh na mònach an siud, sgrìobhte air gach fàd a bha mise a' tilgeil.

Nuair a chaidh am poll a bh' ann fhosgladh an toiseach, bha na fàdan a thàinig dheth bàn, làn fianaich, oir cha robh iad gu tur nam mòine. Ach far an robh sinne ag obair bha a' mhòine na bu duirche. Bha luirgean na craoibhe ann mar fhianais air craoibh a bha uaireigin a' fàs an siud ach a bha a-nis gu tur na mòine. Na b' ìsle buileach bha a' mhòine a b' aosta, far an robh na fàdan ag èirigh cho dubh ris a' ghual bhàrr na creige.

A rèir aithris, 's e an t-adhbhar gu bheil uimhir de mhòine air na monaidhean gun tàinig caochladh air an aimsir. Sin co-dhiù mar a bhreithnich saidheans a' chùis. Ged as neònach ri aithris e, tha a h-uile coltas ann gu robh na h-eileanan seo tioram, blàth anns na linntean o chian. Rè ùine, agus 's dòcha beag air bheag, dh'fhàs an aimsir fliuch, fuar mar a tha i againn san là a th' ann. Chionn 's nach robh an talamh a' faighinn cothrom tiormachadh, bha na luibhean a' lobhadh agus a' dol nam mòine.

Le fios dhomh, tha croit air druim Leòdhais agus tha àite sònraichte oirre anns a bheil ceithir troighean deug de riasg. Feumaidh e bhith gur e glaic a bh' ann mus do dhùin a' mhòine a-steach. Saoil cia mheud mìle bliadhna a chaidh seachad mus do lìon an t-àite?

Bha poll-mònach ann aig aon àm, ach cha bu toigh leam poll ann an àite dhen t-seòrsa. B' e thigeadh orm ach poll nan trì fàd far am biodh an cruas a' tighinn ris. Bha adhbhar sònraichte agam airson sin, oir 's minig air làrach dhen t-seòrsa a chunnaic mi clach dhen dèanainn feum.

'S fhada bho mhothaich mi gu robh a' chlach a thug ùine mhòr fon mhòine na bu ghlaine na clach sam bith eile aon uair 's gu faigheadh siantan a' gheamhraidh cothrom oirre. Mar bu trice bhiodh dath innte a chuireadh loinn air balla, gu sònraichte balla bhite a' togail le cloich thioraim - agus sin an dearbh obair anns an robh mo làmh nuair a thàinig eòlaiche nam lùib.

'S e coigreach a bh' ann dheth, ach bhiodh dùil againn ris air an taobh seo co-dhiù aon uair sa bhliadhna. Bha esan fiosrach mun t-seòrsa cloiche a th' anns an tìr seo - rud nach robh mise, ged a bha mi greis mhath ag obair leatha. Mar a dh'innis mi mu thràth, 's ann a' togail balla a bha mi nuair a thàinig e nam chòmhradh, agus gu nàdarrach 's ann air na creagan a thug esan tarraing.

"Gheibh mi," ars esan, "misneachd a tha bunaiteach nuair a bheir mi beachd cho aosta 's tha na creagan a th' agaibh an seo. Nas aosta, 's dòcha, na creag sam bith eile." "Gu dè an seòrsa aois air a bheil sinn a' bruidhinn?" dh'fhaighnich mi. "Innsidh mi seo dhut," ars esan, "chan e mìltean de bhliadhnaichean an t-slat-thomhais idir ach na milleanan." "Chan eil sibhs' a-reist," thuirt mi, "a' dol le beachd na h-eaglaise nach eil an saoghal seo ach mu shia mìle bliadhna de dh'aois?"

Rinn e gàire. Thug e sùil air cloich ghil a bha mi air a thoirt à làrach poll-mònach agus a bha a-nis agam air a snaidhm anns a' ghàrradh a bha mi a' togail. "Faic a' chlach sin," ars esan. "Tha mi a' creidsinn gu bheil a' chreag às an tàinig i mu dhà cheud millean bliadhna a dh'aois." "Seadh gu dearbha," fhreagair mi, "nach e clann nan daoine a tha fiosrach."

Leis an fhìrinn innse, chan eil lorg sam bith agamsa dè cho ceart, no 's dòcha cho ceàrr, agus a tha 'n àireamh bhliadhnaichean a thug an coigreach dhòmhsa. Air a shon sin, tha amharas agam gu robh an saoghal seo aosmhor mus do laigh sùil duine air. Mar sin, thàinig mi gu co-dhùnadh ris am faod na h-uile aontachadh, agus 's e sin seo: nach robh làmh sam bith aig clann nan daoine anns a' chruthachadh a bh' ann, ged a tha iad air còmhradh gu leòr fhàgail mun dearbh chuspair.

Mar neach a chaidh àrach am measg chnoc is ghleann, bha e a-riamh neònach leam gu robh fearann, muir is adhar a-muigh an siud agus nach deach gin dhiubh a dhealbh le làimh duine. Cionnas a-rèist as urrainn duine a ràdh, "'S ann leamsa a tha am fearann ud"?

"An tusa rinn *Beinn Dòbhrain*?" thuirt cuideigin ri Donnchadh Bàn nan Oran. "Chan e idir," fhreagair Donnchadh, "'s e Dia a rinn a' bheinn ach 's e mise a mhol i." Tha mi fhìn dhen inntinn sin cuideachd.

Oir ged a bha mi trang le fàd is clach agus cuideachd a' strì ri crodh is caoraich, thàinig mi tarsainn gun fhios dhomh air raon eile - raon nach fhaicear ach a tha a' buntainn ri muir is monadh. Bhuail e orm an dèidh làimhe gur dòcha gur e seo roinn dhen chearcall air an robh an Duine Ruadh a' bruidhinn.

GLIOCAS NAN SEANN DAOINE

Cha mhòr nach robh an taigh-seinnse falamh. Bha triùir againn nar seasamh ris a' chuntair is grunnan beag eile pìos suas bhuainn. Cha robh an còrr fo na cabair ach a-mhàin a' chaileag òg a bha air taobh eile a' chuntair. Cha mhotha na sin a bha ceòl ann, ach cha robh am feasgar ach òg. Bha 'n t-àite sàmhach agus chualas fuaim an dorais an uair a nochd an duine bha seo a-steach.

Bhiodh e mu shia troighean a dh'àirde, agus a' sreap suas ann am bliadhnaichean, ged a bha e fhathast seang mun mheadhan is ceum làidir aige. 'S e aodach-obrach a bh' air, le slat-thomhais a' nochdadh a-mach air bàrr na pòcaid: bha 'n obair-là seachad.

Thug e sùil aithghearr mun cuairt air mus tàinig e a-nall chun a' chuntair. Sheas e a làmh rinne agus dh'òrdaich e tomhais de dh'uisge-beatha còmhla ri glainne portair. Chuir an dithis a bha còmhla riumsa fàilte air agus thòisich an ceathrar againn a' bruidhinn a-null 's a-nall fhad 's a bha an tè a bha air taobh eile a' chuntair a' lìonadh na drama agus a' tarraing a' phortair. Ach an seo, 's an còmhradh air fàs fann, mar gum bitheadh, thuirt esan sa ghuth-thàmh, "Thachair rud dhòmhsa an-diugh sa mhadainn a chaidh fada, fada seachad air tuigse sam bith a th' agam. Chan e," ars esan, "fear eaglaise a th' annam, ach ged a b' e, dè am fios a tha aig sagart no aig ministear seach duine sam bith eile?"

"Chan eil oidhche ann an-dràsta," ars esan. "Gu math tràth an-diugh chunnaic mi, ann an solas na maidne, boireannach is aodach geal oirre a' gluasad air falbh gu cabhagach bho thaobh mo leapa, agus chaidh i às mo shealladh mus fhaca mi aiteal dhe h-aodann." Thuirt e ma chunnaic e a-riamh i nach b' urrainn dha a ràdh le cinnt sam bith. "Ach seo," ars esan, "an rud a th' agam: dh'fhairich mi mar gum biodh mathas a' dòrtadh a-steach orm agus cha chreid mi nach e sin a dhùisg mi."

Cha bu luaithe bha esan deiseil dhe chòmhradh na chaidh an t-àite sàmhach a-rithist. An seo thuirt fear dhe na bha còmhla riumsa, "Seach gur e sealladh math dhutsa a bh' ann, na cuireadh e uallach sam bith ort. Chan eil mar-a-bhitheadh ann," thuirt e, "nach eil rudan ann a tha a' dol seachad air crìochan tìme. Their cuid nach eil dad ann ach an saoghal seo, ach," ars esan, "thug mi an aire gur e iadsan as dòcha sùil a thoirt air an ròpa nuair a dh'fhàsas cùisean searbh."

Cha deach an còrr a ràdh mun chuspair. Thug an duine làmh air an stuth a bha e air a cheannach. Cha do chuir e beul air càil fhad 's a bha e a' bruidhinn. Bha a' chaileag a thug dha an stuth a' coimhead air le uabhas. "Feumaidh mi," ars esan, "cabhag a dhèanamh. 'S ann a tha mi air an t-slighe dhachaigh. Chan eil dad agam mu dheidhinn a bhith ag òl 's a' dràibheadh."

Nuair a ruith mòran bhliadhnaichean, thill mise air ais dhan bhaile a bh' ann agus thàinig an seanchas às ùr gu m' inntinn. Chuir mi romham, seach gu robh an cothrom agam, gun dèanainn oidhirp còmhradh fhaighinn air an duine aig an cuala mi an seanchas air an fheasgar ud anns an taigh-sheinnse - 's e sin ma bha e fhathast beò.

Mar a bh' anns an t-Sealbh, bha esan gu dòigheil agus gu ìre slàn fallain, ged nach robh a cheum tuilleadh cho làidir no a dhruim cho dìreach 's a b' àbhaist. Ach cha robh mi fada na chuideachd gus na mhothaich mi gu robh an inntinn cho beòthail 's a bha i nuair a chunnaic mi mu dheireadh e.

Chuir sinn fàilte air a chèile is dh'innis mi dha fàth mo thurais. "Bidh cuimhne agaibh," thuirt mi, "air an t-seanchas a chuala mi agaibh meall bhliadhnaichean air ais." "Tha," fhreagair e: "cha chreid mi nach glèidh duine rud dhen t-seòrsa ud air inntinn cho fada 's a bhios cuimhne aige." "Robh buaidh mhòr aige oirbh?" dh'fhaighnich mi. "A' toirt sùil air ais," ars esan, "chan urrainn dhomh a ràdh gu robh."

"'S fhada a-nis," ars esan, "bho chaidh m' aigne-sa a ghlacadh le rudeigin dìomhair a tha an lùib muir is monadh, nach fhaicear leis an t-sùil, ach a tha fillte mar gum bitheadh anns an t-saoghal tha mun cuairt òirnn. Sin," ars esan, "an rud as motha a lean riumsa." Ach cha robh teagamh sam bith aige nach robh daoine a' faicinn rudan a bha dol thairis 's dòcha air crìochan tìme."

"Gu dearbh, o chionn ghoirid," ars esan, "chunnaic mi rud a bha a-mach às an àbhaist. Tha mi air an dràibheadh a leigeil seachad," thuirt e, "o laigh an aois orm, agus an là bha seo bha mi a' dèanamh deiseil airson càr a bha a' tighinn gam iarraidh. Bha mi," ars esan, "an dà chuid gu math eòlach air a' chàr agus air an duine bha leis.

"Thachair dhomh," ars esan, "sùil a thoirt a-mach air an uinneig agus chunnaic mi an càr a' tighinn agus a' stad anns an àite àbhaisteach. Bha mi a' faicinn an dràibheir cho soilleir 's a tha mi gad fhaicinn fhèin an-dràsta," thuirt e. "Rinn mi cabhag," ars esan, "agus chaidh mi a-mach. Cha robh sgeul air a' chàr.

"Cha robh dòigh ann," thuirt e, "air am b' urrainn dha dhol sìos an rathad gun fhios dhomh. Cha mhotha na sin, a dheigheadh aige air tionndadh air ais suas an rathad gun beachd a bhith agam gun rinn e sin. Bha 'n ùine cho goirid bho chunnaic mi e, ach," ars esan, "fhad 's a bha mi nam sheasamh an làrach nam bonn, 's ann a chunnaic mi an dearbh chàr a' tighinn a-rithist.

"Chuir mi fhìn agus an dràibhear," thuirt e, "fàilte air a chèile agus dh'fhaighnich mi dheth an ann an-dràsta a thàinig e, agus thuirt e rium gur ann. Cha do leig mi guth orm; cha do dh'innis mi dha gu faca mi a' tighinn e mus tàinig e. Gus dèanamh cinnteach," ars esan, "dh'fhaighnich mi cuideachd dhen dràibhear an robh e air a bhith a-bhos roimhe siud agus thuirt e nach robh."

Air dha bhith ullamh dhen t-seanchas, dh'fhuirich e na thost airson tiotan mar gum biodh e air ruith a-mach à còmhradh. Ach an seo thuirt e, "Tha fios agad gu bheil còrr air trì cheud bliadhna bho sgrìobh an t-Urr Raibeart Kirk leabhar ainmeil a' dèiligeadh ris an dearbh chuspair air an tug mi fhìn agus tu fhèin tarraing." "Uill," fhreagair mi, "chan aithne dhomh gun cuala mi mu leabhar dhen t-seòrsa a-riamh."

"Ma thig thu a-chaoidh tarsainn air," fhreagair e, "tha e fon tiotal *The Secret Commonwealth of Elves, Fauns and Fairies*, a nochd an toiseach anns a' bhliadhna 1691, agus," ars esan, "tha mi a' faicinn anns an leabharlann gu bheil e fhathast fèilleil - chan urrainn nach robh susbaint anns an leabhar, leis mar a mhair e rè nam bliadhnaichean."

Thuirt e rium an uair sin gur e sgoilear a bh' ann an Kirk, aig an robh làmh ann a bhith ag eadar-theangachadh nan salm gu Gàidhlig. Dh' innis e dhomh cuideachd gun rinn an t-Urramach oidhirp air faclair Gàidhlig a chur ri chèile. "Faodaidh e bhith," thuirt e, "gur e sin a' chiad liosta de dh'fhacail anns a' Ghàidhlig Albannaich a chunnacas air duilleig."

"Thàinig Kirk," ars esan, "tron fhoghlam agus bha e na mhinistear am Both Chuidir mus robh e buileach fichead bliadhna a dh'aois. Bha seo ann an 1644," thuirt e. "Na b' fhaide air adhart ghluais e gu Obar Phuill, far na dh'eug e anns a' bhliadhna 1692 aig aois dà fhichead bliadhna 's a ceithir.

"Aig an àm a bh' ann," ars esan, "bha an dà-shealladh bitheanta anns na ceàrnaidhean far an robh an t-Urramach a' teagaisg. Cha robh teagamh aigesan sa chùis: a cheart cho cinnteach," ars esan, "'s a chunnaic mise an càr air an tug mi dhutsa cunntas, bha an t-Urramach, mar an ceudna, cinnteach gu robh na daoine a b' aithne dha dha-rìribh a' faicinn nan rudan air an robh iadsan a' bruidhinn.

"Faodaidh mi," ars esan, "a bhith ceàrr, ach tha mi am beachd gu robh nì sònraichte fa-near dhàsan nuair a chuir e peann ri pàipear. Ann an Alba," thuirt e, "aig an àm a sgrìobh an t-Urramach an leabhar ud, 's e sealladh ro chumhang a bh' aig na h-eaglaisean. Math dh'fhaodte a-rèist," ars esan, "gur ann a bha Kirk ag innse dhaibh gu bheil an saoghal seo fada nas fharsainge agus nas dìomhaire na bha iadsan an dùil.

"Gus sin," ars esan, "a thoirt dhachaigh orra, dè a b' fheàrr na seann ghliocas a bh' aig na Gàidheil a chur fan comhair mus deigheadh sin gu tur às an t-sealladh." A' togail air a' chuspair sin, dh'innis an duine seanchas dhomh mu bhoireannach a bha beò air Ghàidhealtachd còrr air ceud bliadhna air ais.

Bha i a' fuireach na h-aonar. Aon mhadainn, is doras a' chidsin fosgailte, thàinig isean beag a-steach - Cailleachag Cheann-Dubh. Laigh e air sgeilp airson tiotan gus an deach e a-mach air uinneig a bha fosgailte. Thill e air ais a-steach air an uinneig, is rinn e beagan itealaich timcheall an t-seòmair mus do dh'fhalbh e a-mach air an doras.

Bha 'm boireannach a-nis dhen làn-inntinn gu faodadh dùil a bhith aice ri naidheachd mhath - mar a thuirt i fhèin, "A rèir gliocas nan seann daoine, 's e teachdaire aoibhneis a bh' anns an eun ud." Aig an dearbh àm a bh' ann bha dòchas dhen t-seòrsa sin a' freagairt oirre. Oir mar a bha, 's e aon nighean a bh' aice agus bha ise air falbh bhon taigh, agus bha ùine mhòr ann bho nach tàinig guth bhuaipe. 'S dòcha a-nis gu robh litir air an t-slighe, no - na b' fheàrr buileach - gu robh i fhèin a' tighinn.

An dearbh là a bh' ann thadhail am ministear oirre. Dh'innis i dha mun isean a thàinig a-steach a' mhadainn sin fhèin agus mar a bha i a' creidsinn gu robh naidheachd mhath a' feitheamh oirre. Ach cha do chuir esan sùim sam bith na còmhradh - gu dearbha, 's ann a bha an eaglais a' feuchainn ri beachdan dhen t-seòrsa a dhubhadh às an t-sealladh.

Na b' fhaide air adhart dhen là bha am ministear a' tilleadh bho a chuairt. Nuair a bha e a' dol seachad air an taigh anns an robh am boireannach a' fuireach, thàinig ise a-mach is litir na làimh a bha i air fhaighinn greiseag roimhe sin.

"Nach tuirt mi ribh," ars ise, agus i a' toirt dha na litreach gus a leughadh - math dh'fhaodte nach robh comas leughaidh aice fhèin. 'S ann bhon nighinn aice a bha an litir air a thighinn, le sùim airgid innte agus brath ag innse nach b' fhada gus an tigeadh i fhèin. "Beannachd Dhè," ars am boireannach, "air Cailleachag Chinn-Duibh, eun an aoibhneis."

"Lorgaidh tu an seanchas sin," thuirt an duine rium, "ann an leabhar a nochd anns an linn a dh'fhalbh, fon ainm ' *Twixt Ben Nevis and Glencoe*, leis an Urr Alexander Stewart. Their thusa," ars csan, "co-thuiteamas ris an t-seanchas ud, agus is neònach leam mura canadh an t-Urr Stewart an nì ceudna. Air mo shon fhìn," thuirt e, "chan eil e soilleir dhomh dè a tha co-thuiteamas a' ciallachadh.

"Cha robh anns an t-seann ghliocas," ars esan, "ach rud air an robh duine fèin-fhiosrach: bha e na bu choltaiche ri saidheans na ri rud a thigeadh bho chùbaid - 's e a bh' ann ach rud a chunnaic, a dh'fhairich no eadhan a fhuair duine. Mar eisimpleir," ars esan, "thug an t-Urr Kirk iomradh air nighinn òig a fhuair pìos bàrdachd ged nach robh comas aice air càil dhen t-seòrsa a dhèanamh. Thachair an dearbh rud dhomh fhìn," thuirt e.

"Aig an àm," ars esan, "anns na chaill na Comunnaich an grèim a bha aca air taobh an Ear na Roinn-Eòrpa, bha mi an oidhche bha seo ag èisteachd ri luchd-eaglais air an telebhisean. Bha iadsan a-mach air an obair a bha dùil aca a ghabhail os làimh leis mar a bha taobh an Ear na Roinn-Eòrpa a-nis fosgailte. Nuair a bha iad deiseil a chòmhradh," ars esan, "dh'fhalbh mise dham leabaidh. Nuair a dhùisg mi," ars esan, "bha a' bhàrdachd seo agam agus tha mi ga toirt dhut dìreach mar a fhuair mi i ach a-mhàin gun dh'atharraich mi facal no dhà o chionn ghoirid."

Romania

Is cinnteach gur teachdaire ainmeil mi
A' bruidhinn às leth na Crìosdachd seo,
Is dha na truaghain ann an Romania
Nì mise an soisgeul innse.

Tha daoine dorcha an Alba againn,
Dhùin iadsan an cluasan orm;
Canaidh mòran aca le tàire rium,
"Chan eil cumhachd leat ach còmhradh."

A-raoir air a' bhucas uabhasach
Thuirt duine rium nach ainmich mi,
"Tha 'n eaglais bh' aig do shinnsearachd
An ìmpis sgàineadh às a chèile."

Ach thèid mise gu ruig Romania,
Ged tha 'n t-easbaig aca ag èigheachd rium
Nach eil annam ach cealgaire,
'S gu mill mi an deagh threud air.

Mas fhiach esan èisteachd ris,
'S gu cinnteach tha ri bòstadh às,
Gu robh an soisgeul aca san dùthaich ud
Mus do rugadh Màrtainn Luther.

Ach togaidh mise eaglais ann
Am measg Bhaisteach, Ghreugach is eucoraich,
Am Bìoball agam san dara làimh,
Mars Bar agam san tèile.

"Fòghnaidh siud," ars esan, "dhen chuspair ud." Dh'èirich e a-null gu preas beag a bha làimh ris agus thug e botal branndaidh a-mach às. "O laigh an aois orm," ars esan, "tha beagan dhen stuth seo a' dèanamh feum dhomh." Fhuair e an sin dà ghlainne agus gu dearbha cha deach e an ceann gainne ris an tomhais a thug e seachad. Thug sinn greis a' bruidhinn a-null 's a-nall agus mu dheireadh leig mi beannachd leis. 'S iongantach leam gu faic mise tuilleadh e ... air an taobh seo co-dhiù.

IAR-FHACAL

Grunn uairean nam bheatha fhuair mi brath nam chadal air rud a bha gu bhith a' buntainn rium fhìn gu pearsanta - "tachartas a bha fhathast anns a' bheairt," mar a chanadh Eilidh Watt nach maireann. Dè as coireach gu faigh duine fios dhen t-seòrsa no carson, chan eil lorg sam bith agamsa, ach a-mhain gu bheil rudan dhen t-seòrsa a' tachairt.

Aon turas, ged-tà, chunnaic mi bruadar a chuir iongnadh orm, oir bha gach nì cho soilleir mar gur ann air tonn a' mheadhain-latha a bha an rud a bh' ann a' gabhail àite.

Bha rum sònraichte agam far am bithinn a' cumail rudan a bhiodh rim làimh gus an cuirinn feum orra, mar ùird agus sgeilbean. Aon oidhche chunnaic mi bruadar anns an robh doras an ruma seo letheach fosgailte. Thàinig balach beag suas thuige agus thug e sùil a-steach air, ach cha do dh'aithnich mi am balach idir.

Dh'èigh mi ris dè bha e ag iarraidh, ach cha do fhreagair e idir mi. Ghluais e air falbh bhon doras air a shocair agus lean mi e a-mach às an taigh. 'S ann a-muigh an sin a bha an sealladh neònach. An cù ruadh air an robh Rusty, agus a bhàsaich leis an aois, bha e na laighe gu dòigheil aig an doras a-muigh agus e òg a-rithist.

Rinn e airson èirigh, ach gun fhios nach gabhadh am balach beag eagal, thuirt mi ris fom anail e laighe

sìos air ais, agus rinn e sin mar bu dual. Cha do leig
am balach air gu robh cù ann. Lean e gu ceann an
taighe le ceum dòigheil 's bha mo shùil air gus an
deach e às m' fhianais suas an rathad. Fad na h-ùine
cha do dh'fhosgail e a bheul.

'S e a chuir iongnadh orm às dèidh làimhe gun
canainn nach b' e mi fhìn a bha a' faicinn a' bhruadair
ach cuideigin eile. Bhuail e orm gur mi fhìn am
balach beag. Thug mi sùil air ais, agus 's ann às a sin
a thàinig an leabhran seo. Nach iomadh rud a chì an
duine bhios fada beò.

NACH GHABH A THUIGSINN

Bho àm gu àm bhithinn a' toirt beachd air an raon eile bha siud. Lean sin fad ùine gus mu dheireadh gun tàinig mi gu co-dhùnadh nach b' urrainn dhomh a sheachnadh, agus 's e sin seo: gu bheil rudeigin dìomhair an cois muir, monadh is adhar air nach ruig cainnt. Mar sin, ged a dh'fheuch mi ri iomradh a thoirt air a' chuspair seo air an duilleig, tha fios agam gu bheil na facail a th' agam a' tighinn goirid.

Mhothaich mi, ged-tà, gu robh nithean cumanta ann a bha cuideachd a' dol thar tuigse. Fhuair mi eisimpleir air seo meall bhliadhnaichean air ais. Mar a thachair, thàinig boireannach dhan bhaile agus bha i a' bruidhinn air àite sònraichte far am b' àbhaist tobar a bhith nuair a bha i òg. Cha robh cuimhne aig duine air a leithid de rud, ach airson a' chùis a chur an dara taobh chaidh mi air tòir sean nòs a bh' ann o thùs.

Gheàrr mi pìos uèir dà-spreod a bha le chèile faisg air dà throigh de dh'fhaid. Thug mi lùbadh air gach spreod mar dhealg. Le dealg anns gach làimh agus na spreodan a' sìneadh a-mach, thug mi ceum dòigheil a lorg na tobrach. Bha 'n talamh cho tioram ri àrc, ach cha bu luaithe a ràinig mi an t-àite air an robh am boireannach a' bruidhinn na ghluais an dà dhealg agus thàinig na spreodan tarsainn air a chèile.

Le sin bha fios agam gu robh bùrn shìos an siud fon talamh. Chionn 's gum b' e siud an dearbh àite air an tug am boireannach iomradh, cha robh an teagamh bu lugha agam mun chùis - feumaidh e bhith gu robh tobar ann aig aon àm. Bha 'm bùrn-èirigh an siud fhathast ged a bha an tobar air dùnadh agus staran thairis air. Ach 's e a th' agam ach an rud a thuirt an duine bha seo rium air dhomh an seanchas innse dha.

"Sguir dhen obair," ars esan, "agus leig seachad i; chan eil agad an sin ach draoidheachd." "Uill, a dhuine," fhreagair mi, "mas e sin a th' ann, bu mhòr am beud nach robh an tuilleadh draoidheachd againn. "Cò aige tha fios," thuirt mi ris, "nach deigheadh againn air tòrr dhe na tha air a dhol ceàrr san là a th' ann a chur ceart."

Nach neònach mar a bheir sinn ainm air rud agus an uair sin saoilidh sinn gu bheil sinn fiosrach mun dearbh rud a th' ann, agus 's dòcha gun tèid againn air sin a thoirt a chreidsinn eadhan air daoine eile. Tha fios agam air mo shon fhìn gu lorg duine bùrn, agus rudan eile cuideachd, le dà spreod de uèir no math dh'fhaodte le dà ghèig a thàinig à craobh. Gu dè as coireach gu bheil seo a' tachairt, ged-tà, chan aithne dhomh. Dh'fhaighnich mi dhen eòlaiche air an tug mi iomradh cheana dè na beachdan a bh' aige mun chùis, ach cha robh esan ga thuigsinn na bu mhotha na bha mi fhìn.

A-rithist, nuair a bha mi nam bhalach beag chunnaic mi rud a' tachairt a chuir mòr-iongnadh orm, agus 's ann bliadhnaichean às dèidh sin a fhuair mi an tuilleadh fiosrachaidh mu dheidhinn.

Far an deach m' àrach bha gàrradh cloiche goirid dhomh. Aig an àm ud cha robh feansa ann air gach cnoc mar a th' ann an-diugh. Fhad 's a bhiodh an sprèidh anns a' mhonadh b' e an gàrradh am balla-dìon, a' gleidheadh an arbhair gus am faigheadh e cothrom fàs agus abachadh.

Bha 'n gàrradh air a thogail le cloich thioraim, an aghaidh aige ris a' mhonadh, ach air an taobh a-staigh dheth bha 'n talamh a' tighinn suas gu faisg air a' bhàrr. Bha sin ga fhàgail na àite seasgair far am faigheadh an druid dhubh agus eòin bheaga eile air neadachadh. Bhiodh iadsan timcheall air, a dhroch shìde agus a shìde mhath, ach gu sònraichte as t-samhradh len cuid àil.

Mar bu trice bhiodh na neadan tèarainte a-staigh am broinn a' ghàrraidh far nach fhaigheadh eòin mhòra thuca. Ach a' mhadainn a bha seo, ge bith dè bu choireach, thuit isean beag a-mach à nead sìos chun na glasaich. Chrom starrag a-nuas agus thug i leatha an t-isean na gob.

Cha robh i mòran ach air a dhol air iteig nuair a thòisich an iomairt. Thàinig sgaoth de dh'eòin a-mach às a' ghàrradh agus thug iad ionnsaigh oirre. Bha uimhir aca ann agus iad cho tiugh timcheall oirre 's nach fhaicinn ite a bha na druim, ged a bha na sùilean gu math biorach an là a bha siud.

Cha do sheas an cath ro fhada, oir thàinig air an starraig an t-isean a leigeil às, agus le bloigh itealaich rinn esan an gàrradh dheth. Theich ise an uair sin, ach lean total dhe na h-eòin i agus rinn iad cearcall os a cionn anns an adhar mar gum biodh iad a' cumail sùil oirre.

Is iomadh car a chuir an saoghal dheth on latha bha siud, ach meall bhliadhnaichean air ais thàinig leabhar gu mo làimh a thug na chunnaic mi air a' mhadainn ud às ùr gum cuimhne. 'S e seann leabhar a bh' ann a nochd anns a' bhliadhna 1900, fon ainm *Mutual Aid*, agus b' e Peter Kropotkin an t-ùghdar.

Bha roinn dhen leabhar stèidhichte air eòlas a fhuair an t-ùghdar air na beathaichean fiadhaich a chunnaic e thall ann an Siberia eadar na bliadhnaichean 1862 agus 1866. Aig an àm sin bha e na oifigear ann an arm na Ruis, anns an rèiseamaid ainmeil, na *Cossacks*. 'S ann goirid roimhe sin a ghabh Ruisia seilbh air an fhearann a tha timcheall air an abhainn Amur ann an Siberia.

Bha na chunnaic esan am measg nan ainmhidhean thall ann an Siberia dhen aon ghnè ris an rud a thachair aig an t-seann ghàrradh air a' mhadainn samhraidh ud air an tug mi iomradh. Aig a' char as lugha, a-rèist, faodar a ràdh gu bheil barrachd air na chì an t-sùil fillte a-staigh anns an t-saoghal mun cuairt òirnn.

Mar sin, tillidh mise gu toiseach mo sgeòil - chun an duine a thug iomradh air na Daoine Sìthe. Goirid dhan àite anns an robh e ri fuireach tha clach ghlas le ainm annasach oirre. Ciamar a fhuair i an t-ainm no dè as ciall dha chan eil fhios. Ach bu toigh leam a-riamh a bhith ag obair le cloich, agus dè a b' fheàrr na an cearcall a dhùnadh leis a' chloich seo.

A' CHLACH SILE

Lorgar a' chlach anns a' mhonadh os cionn na mara air slios Beinn an Staradh. Tha a' bheinn sin làmh ri Bun Chas Gro aig beul Loch Ùrnabhaigh - no Loch Ghrimsiadair mar as fheàrr a dh'aithnichear e. Ged nach eil Beinn an Staradh cho àrd ris a' Chliseam, a chithear bho bàrr, tha i gu math cas, mar a gheibh duine a-mach air a shon fhèin nuair a bhios e a' dìreadh suas air a slios.

'S dòcha gur ann mar sin a fhuair i an t-ainm - gu robh an fheadhainn a bha a' tàmh an siud o chionn fhada ga faicinn mar chnap-starra. Nam biodh iad a' dol gu mòintich, thigeadh orra a dìreadh suas air a slios no le ceum a ghabhail timcheall a cùil - mar sin, Beinn an Staradh.

Co-dhiù, air dhomh a bhith an lùib na beinne air madainn fhuair anns an Fhaoilleach, shaoil leam gu robh an t-ainm a fhuair i gu math freagarrach. Bha sneachd air a bhith againn ach bha a-nis an t-aiteamh a' tighinn, a' ghaoth deas a' togail a cinn 's na tuinn ag èirigh. Cha b' fhada gus am faicte a' mhuir a' briseadh na caoir gheal air Sgeir nan Crùbag aig bonn na beinne.

Chunnaic mi air a' mhadainn ud i mar gum biodh suathadh de sheann eachdraidh ag iadhadh os a cionn. Mus ruiginn a bonn, bha agam ri dhol thairis air Allt Bun Chas Gro, agus chithinn an sin na clachan air an càradh le fosgladh eatarra. Seo innleachd a bh' aig na Lochlannaich gus an easgann a ghlacadh agus 's ann bhuaipe thàinig an t-ainm Cas Gro. Seo cuideachd an staran air an deach mise tarsainn gu bonn na beinne, agus tha 'n easgann a' dol suas ann fhathast.

Thadhail mi air a' bheinn a-rithist meall bhliadhnaichean às dèidh siud air feasgar grianach samhraidh. Dhìrich mi suas air a slios, ged nach robh mo cheum tuilleadh cho làidir 's bha e a' mhadainn ud anns an Fhaoilleach. Shuas faisg air a bàrr tha àite rèidh ann, agus sin far a bheil a' Chlach Sile na seasamh - cnapag de chloich a tha mu cheithir troighean gu leth a dh'àirde agus i a' tighinn biorach aig a bàrr. Tha mu chòig troighean deug de thiughad innte aig a bonn agus tha clais thana timcheall oirre mar chearcall.

'S neònach leam mur eil eachdraidh na cloiche seo a' dol air ais chun nan linntean a bh' ann mus do ràinig na Gàidheil Alba. Bha na daoine a bha a' fuireach anns an tìr seo aig an àm sin ealanta air obair cloiche, ga snaidheadh agus a' tarraing dhealbh oirre. Tha 'n obair sin ri faicinn thall 's a-bhos air feadh Alba.

Tha mi 'm beachd gur e sin an seòrsa cloiche a th' againn an seo. Ceart gu leòr, chan eil dealbh air a' Chloich Sile, ach tha deagh fhios agam nach eil an seòrsa cloiche a gheibh duine air an fhonn seo freagarrach airson a leithid sin de dh'obair. Ach air a shon sin tha e comasach do dhuine cumadh a thoirt oirre. Mar sin, faodaidh e bhith gun rinneadh a' Chlach Sile biorach a dh'aon ghnothaich.

Tha fios is cinnt co-dhiù gu robh sgil air leth aig na daoine a bh' ann le òrd is le sgeilb-chruadhach. 'S dòcha gur e sin bu choireach an t-ainm a bh' aig na Gàidheil orra - na Cruithnich, a chionn gu robh iad daonnan a' tarraing dhealbh agus a' cruthachadh rudan.

'S e 'n fhìrinn, ged-tà, nach eil lorg sam bith air dè an t-ainm a bh' aca orra fhèin, ged a thug na Ròmanaich 'Picti' (Picts) mar ainm orra.

Ma bha sgrìobhadh aca, cha tàinig càil a-nuas bhuapa. Mar sin chan eil fios dè an cànan a bha aca. Tha sgoilearan airson iomadh bliadhna air a bhith a' togail cheistean mun chànan aca agus a' snìomh bheachdan, ach a dh'aindeoin sgrùdaidh cha tàinig aonta.

Mun bliadhna 731 bha fear-eaglaise ainmeil, ris an cante Bede, air crìoch a chur air eachdraidh anns an robh e air a bhith an sàs. Thuirt esan gu robh ceithir cànain anns an dùthaich aig an àm sin - Gàidhlig, *Brythonic* agus Beurla maille ri cànan nam *Picts* no nan Cruithneach, mar a theireadh na Gàidheil riutha. A chionn 's gun tug iadsan agus na Gàidheil iomadh linn an lùib a chèile, chan urrainn nach robh tomhais de bhuaidh aig a' chànan acasan air a' Ghàidhlig.

Saoil an ann bhuapa a fhuair na Gàidheil na seann fhacail nach eil idir aig Dwelly anns an fhaclair - facail a tha a-nis a' tighinn an uachdar mar gum biodh duine a' dùsgadh chlach? Faodaidh e bhith gur ann à cànan nan Cruithneach a thàinig tòrr dhe na facail sin ged a tha dreach agus blas na Gàidhlig orra. Co-dhiù, biodh sin mar a dh'fhaodas.

Air an t-slighe dhachaigh às a' bheinn bha mi a' meòmhrachadh air ainm na cloiche. Cha chuala mi Sile mar ainm air cnoc, loch no àite sam bith eile a b' aithne dhomh. Nuair a ràinig mi an taigh thug mi sùil air faclair Dwelly agus shaoil leam gun dh'amais mi an sin air beagan de dh'eachdraidh na cloiche.

Bha aon chiall aig Dwelly airson sile agus ghlac sin gu sònraichte m' aire - *nectar*. Seo an stuth a th' anns na flùraichean mus toir na seilleanan a' mhil asta. Faodar a ràdh ann an seagh gu bheil *sile* a' ciallachadh mathas na cruinne mar gum bitheadh.

Saoil an robh an sluagh a bh' ann o thùs, Cruithnich agus Gàidheil, na b' fhaisge air a' mhathas sin na tha sinne san là a th' ann? Ga chur aig a' char as lugha, tha amharas agam gu robh. Tha mi a' dèanamh dheth gun cuirte clach na seasamh far an tàinig iad tarsainn air a' mhathas sin. Saoil an ann mar sin a fhuair a' Chlach Sile an t-ainm?

Ann an dàimh ris a' chuspair seo, tha e inntinneach mar a labhair Calum Cille mu sheann Phàganach a bha a' bàsachadh agus a bha gu bhith air a bhaisteadh. "Ghlèidh an duine seo," ars esan, "mathas nàdarrach fad a bheatha."

Mus do dhùin mi an cearcall, thug mi sùil air an leabhar mhòr a fhuair sinn o thùs bho na h-Iùdhaich. Leugh mi an sin gu robh clach aig Iàcob mar chluasaig, ach 's e a ghlac m' aire buileach ach na briathran seo ann an Ecsodus 20: 25:

"Agus ma nì thu altair cloiche dhomh, cha tog thu i le cloich shnaidhte; oir ma thogas tu d' inneal-snaidhidh suas oirre, truaillidh tu i."

Nuair a leugh mi na briathran ud, bhuail e orm gu robh an t-inneal-snaidhidh agus am peann fon aon uaim, le chèile tighinn goirid, an dà chuid air aghaidh na cloiche agus air an duilleig. Cha ruig aon seach aon dhiubh air na nithean dìomhair a th' anns an t-saoghal mun cuairt òirnne.

RAON EILE

Faodaidh duine a bhith beò an cois muir is monadh, gidheadh tachraidh rudan ann an cùrsa nàdair gun fhios dha. Mar eisimpleir, mur eil mi air mo mhealladh, tha na làin nas àirde an-diugh na bha iad nuair a bha mise òg. Chan e nach eil cuimhne agam air làin àrda a bhith ann, gu sònraichte nam biodh gaoth làidir air an cùl. Ach 's e th' agam gu bheil iad a-nis gu bitheanta nas àirde.

O chionn ghoirid chunnaic mi prògram air an telebhisean a' sealltainn mar a bha an deigh shuas aig a' Phòla Tuath a' leaghadh. Bha i a' tuiteam dhan mhuir na cnapan. Leis na bha siud de dheigh a' falbh, chan urrainn nach eil an tuilleadh 's a chòir de dh'uisge a' dol dhan fhairge, agus mas fìor an aithris, 's e seo as coireach na làin a bhith cho àrd.

Tha amharas agam gur dòcha gu bheil atharrachadh a' tighinn air an aimsir beag air bheag. Saoilidh mi gu bheil a' mhòine nas fhasa a tiormachadh anns na bliadhnaichean a th' ann na bha i rim chiad chuimhne; a-rithist chì mi lochan a tha a' fàs nas lugha mar a tha am bùrn a' dol sìos. Math dh'fhaodte gur ann mar sin a bha o thùs - caochladh a' tighinn air an aimsir thairis air àireamh mhòr de bhliadhnaichean. Tha eachdraidh na mònach air an tug mi iomradh mu thràth mar fhianais air sin.

Biodh sin mar a dh'fhaodas - tha mi 'm beachd gu bheil rudeigin anns an t-saoghal a tha timcheall òirnn a mhaireas ge b' e caochladh a thig air muir is monadh - rudeigin a chithear mar aiteal ann am bòidhchead an t-saoghail. Tha amharas agam nach lorgar e leis an neach a thèid a dh'aon ghnothaich a choimhead air a shon.

Ann an ciaradh an fheasgair, air feasgar fann foghair, bha mi shìos an cois na mara, mi fhìn agus an cù ruadh. Cha chuimhne leam an-diugh an ann air tòir a' chruidh a bha mi no 'n ann a' lorg nan othaisgean. Bha 'n cù ruadh a cheart cho math ag iomain a' chruidh agus a bha e a' cròthadh nan caorach.

'S e feasgar socair a bh' ann, ceann na gaoithe ri làr, ach le oiteig ghasta oirre agus mi a' gabhail ceum a-mach bàrr a' chladaich. Far an robh mi cha robh sealladh fada is farsaing agam - leathad cas a' dìreadh suas gu bàrr cnuic air an dara taobh dhìom, agus air an taobh eile, bha muir-làn a' plumadaich aig bonn na bruaiche. Bha mi a' dèanamh air lùbadh a bha romham anns an t-slighe.

Cha bu luaithe a ràinig mise an t-àite sin na shaoil leam gun tàinig saoghal ùr nam chòir le bòidhchead air an fhonn ud nach urrainn dhòmhsa aithris. Bha mathas ann ris na rinn m' aigne gàirdeachas, a' tighinn thugam anns a' ghaoith, mar gum bitheadh. Bha muir, monadh is adhar mar aon.

'S e an toileachas a bha an cois an fheasgair ud bu mhotha lean rium, agus eadhan chun an là an-diugh lorgaidh mi freumhag bheag dheth a' tighinn thugam mar aiteal grèine. Bhuail e orm, ged-tà, gu robh an

rud a bh' ann cho ionmholta 's nach b' airidh mise air
an lideadh bu lugha dheth. Mar sin, cha do rinn mi
oidhirp sam bith air an rud a bh' ann a lorg a-rithist.

Co-dhiù, bu dìomhain sin dhomh, oir cha bhiodh
fios agam càite an tòisichinn, no ciamar a dheighinn
timcheall air a' ghnothaich. 'S e buil sin gun tàinig mi
beag air bheag chun a' cho-dhùnaidh nach eil mòran
ann as fhiach bruidhinn air ach an rud a tha a' dol
thairis air comasan na h-inntinne mar a tha sinn ga
cleachdadh gu làitheil. Cha sheinn am bàrd an t-òran
gus an tig na facail thuige.

Cha b' e nach robh cothrom agam a bhith
a' coimhead airson boillsgeadh dhen raon eile seo air
an tug mi iomradh. Bhithinn gu tric a' tadhal air
cnuic is glinn, oir 's e crodh is caoraich an cur-seachad
a bh' agam, gu sònraichte an crodh. Aig an àm a bh'
ann bha na beathaichean sin fallain.

Nuair nach robh lorg air a' chrodh agamsa no air
a' chù ruadh, agus BSE a-nis air nochdadh, dh'fhaigh-
nich caileag bho *Telefios* dhìom an ithinn feòil mairte.
"Tha mise a-nis cho aosta," fhreagair mi, "'s nach eil
e gu mòran diofar dhomh dè dh'itheas mi, ach nam
bithinn òg chan ithinn idir i."

Cha leig duine a leas mòran rannsachaidh a
dhèanamh mun chùis - tha e cho soilleir ri grian an là
màireach gur e sannt bu choireach gun tàinig an galair
grànda. 'S e bh' anns an amharc ach gum biodh
prothaid a' dol am meud, agus gus sin a thoirt gu buil
cha b' urrainn na b' fheàrr na closach caorach a
bhruich. An dèidh sin chaidh an rud a bh' ann a

bhleith ach am biodh e aig a' chrodh mar bhiadh. Bha 'n gnìomh a bh' ann a' dol calg-dhìreach an aghaidh dòighean nàdair, agus chunnacas buil sin nuair a thàinig BSE.

Aig an àm anns an robh mise a' strì ri crodh bha e na chleachdadh a bhith a' cumail biadh riutha a bha nàdarrach dhaibh. Sin gu dearbha mar a bha mise ag obair. Anns a' mhadainn bha 'n crodh a' faighinn càl agus feur. Bhithinn cuideachd a' buain cìreanaich air a' chladach agus ga bruich. Bha a' chìreanach sin agus an sùgh aice air am measgachadh ri sìol eòrna a bh' air a bhruthadh. Sin agus feur am biadh a bh' aca nuair a thigeadh iad a-steach air an oidhche.

Bha sin a' leantainn a gheamhradh agus a dh'earrach, ach as t-samhradh bha 'n crodh a' dol dhan mhonadh. Thuirt seann daoine rium, "Am beathach a chuireas feòil air anns a' mhonadh as t-samhradh agus as t-fhoghar - tha am beathach sin nas fhasa a chumail ann an deagh òrdugh tron gheamhradh."

Chunnaic mi air mo shon fhìn, uair is uair, gur e an fhìrinn a bha aig an duine ud. Mar sin, an là bha seo mu dheireadh a' Chèitein bha mi fhìn agus an cù ruadh a' dol a-mach leis a' chrodh dhan mhonadh. Chaidh mi astar a-mach leotha, oir bha fios agam gun tilleadh iad agus gu laigheadh iad faisg air làimh.

Tha cuimhne agam gu robh ceum dòigheil agam air an t-slighe dhachaigh. Cha robh dad a' cur dragh orm. Bha m' inntinn aig fois 's mo smaointean fhìn air chall. Co-dhiù thug an ceum mi chun an locha, a bha seo, agus thall air taobh eile an locha bha rubha cruinn air an robh leum-a-chrann a' fas. Bha mi eòlach air an àite agus bha e gun chaochladh bho mar a chunnaic mi e o thùs.

Cha bu luaithe a laigh buille dhem shùil air an rubha bha siud anns an dol-seachad dhomh na dh'fhairich mi an t-àite a' tighinn beò le làthaireachd a bha taitneach. Airson tiotan shaoil leam gu robh rudeigin math air an fhonn ud a bha 'n impis briseadh a-mach. Rinn mi toileachas ris an rud a bh' ann mar ri naidheachd mhath a thàinig thugam gun dùil rithe à tìr chèin.

Mar a leig mi fhaicinn mu thràth, cha robh mi idir a' coimhead airson an rud a bh' ann, oir bha mi dhen bheachd nach biodh an sin ach gòraich. Ach saoil an e seo roinn dhen chearcall air an tug an t-Innseanach Ruadh iomradh?

SÙIL-FHIANAIS

Bha am baile bh' ann an cois na mara. An sin rim chiad chuimhne, agus airson greis mhath às dèidh sin, bha dà thaigh ann a bha a-mach às an àbhaist. Chan e a-mhàin gu robh iad le chèile trang a' deanamh a' chlò Hearaich, ach bha iad cuideachd a' cumail obair ri daoine aig àm anns nach robh e idir furasta obair fhaighinn.

Bha 'n duine leis an robh aon dhe na taighean gu math adhartach: bha esan a' reic nan clòitean thall thairis fo ainm fhèin. Seo mar a dh'innis seòladair a bha gu tric a' dol air bhòidse gu taobh thall an t-saoghail. "Chunnaic mi," ars esan, "bèile de chlòitean a' dol air tìr an New York agus an t-ainm aigesan air an ultach a bh' ann."

Ach nam là fhìn chunnaic mi crìonadh a' tighinn an dà chuid air a' chlò Hearach agus air an t-seòladh. Càit a-nis a bheil na bàtaichean a chunnacas air Abhainn Chluaidh? Agus air dhomh ceum a thoirt tron bhaile bha siud, thug mi an aire nach robh lorg air an dà thaigh a bha cho dripeil a' cur nan clò gu margaid. Bha 'n dà làrach lom, gun fuaim beairt air fonn.

Bha uair 's ged a dh'fhalbhadh an sluagh, bhiodh tobhta air fhàgail, ach chan ann mar sin a tha a-nis. Bheir an digear an uachdar na clachan as ìsle agus le cùl na sluasaid thèid an làrach a rèiteach. Fàsaidh feur ann tro thìde agus 's gann gun creid an coigreach gu robh taigh a-riamh ann.

Nach e bha ciallach ach an t-Innseanach Ruadh air an tug mi iomradh mu thràth: 's e seòrsa de theanta a bh' aige mar àite-còmhnaidh, na pòlaichean còmhdaichte le rùsg na craoibhe, mar gum biodh beachd aige gur e a bh' ann dheth ach eun a bha a' gabhail slighe agus gu faodadh an t-slighe a bhith na bu ghiorra na bhathar an dùil.

Ann an Canada anns an linn a dh'fhalbh bha na Daoine Ruadha agus na Frangaich an lùib a chèile. Bha na Frangaich a' sparradh orra gum bu chòir dhaibh taighean cloiche a thogail mar a bha acasan anns an Fhraing. Ach cha robh dùil sam bith aig an Duine Ruadh na pòlaichean agus rùsg na craoibhe a leigeil seachad.

"Mas fìor an aithris," ars an Duine Ruadh, "tha taighean aca anns an Fhraing cho àrd ri na craobhan seo. Ach innis seo dhomh," ars esan. "Carson a dh'fheumas daoine a tha eadar còig agus sia troighean de dh'àirde taighean anns a bheil trì-fichead troigh de dh'àirde?"

Saoilidh mi, mar an ceudna, gu robh leasan aig an Duine Ruadh dhuinne cuideachd anns an h-eileanan seo. Cha ghann nach do thog sinne taighean mòra àrda, ach 's dòcha gu robh e air a bhith na b' fheàrr nam bite air taighean goireasach, ìosal, snasail a thogail air stoidhle nan taighean-tughaidh. Bha a' chosgais air a bhith na b' ìsle is bhiodh na taighean na bu fhreagarraiche airson an t-seòrsa aimsire a th' againn.

Nam là chunnaic mi an taigh ùr deiseil 's gach nì an òrdugh, ach bha fear an taighe a-nis agus a shlàinte air briseadh le mòrgaids mu chlaigeann. Mar a thuirt Thoreau, "Tha thu gad dhèanamh fhèin tinn ach am bi rudeigin agad fa chomhair an là a dh'fhàsas tu tinn." Sin an inntinn dhan robh an Duine Ruadh cuideachd. Chan eil dearbhadh agam air, ach tha amharas agam gur ann bhuapa a thug Thoreau an seòrsa feallsanachd a bha esan a' nochdadh.

Rugadh esan am Massachussets ann an 1817 agus dh'eug e ann an 1863. Thàinig na daoine aige à Alba agus às an Fhraing. Bha inntinn làidir neo-eisimeileach aige agus mar sin, chàin e, uair is uair, an dòigh anns an robh na Daoine Geala gan giùlain fhèin an Aimeireagaidh anns an linn a bh' ann. Air a' phuing sin bha esan agus na Daoine Ruadha a' tarraing air an aon ràmh.

'S dòcha gur e an t-iongnadh bu mhotha a ghabh na Daoine Ruadha cho sgriosail 's a bha na Daoine Geala: cho deiseil 's a bha iad gu cur às gu tur do gach nì air an tigeadh iad tarsainn. Chunnacas seo gu soilleir air na raointean feòir a bh' ann an Aimeireagaidh aig an àm.

Bha 'm buabhall pailt an sin, agus dha na h-Innseanaich a bha a' fuireach air na raointean bha na beathaichean sin aca mar bheòshlaint. Mar sin bha iadsan a' toirt an aire air an stoc agus cha deigheadh a mharbhadh dhiubh ach na bha a chum feumalachd an t-sluaigh.

Bha feòil nam beathaichean aca mar bhiadh agus is cinnteach leam gu robh i fallain, saor bho BhSE. Cha robh mìr dhen bheathach nach robhar a' dèanamh feum dheth. Bha na craicinn a' còmhdach nan teanta agus bhite a' dèanamh aodach dhiubh cuideachd. Bha eadhan an smior a bh' anns na cnàmhan aca mar ìm. Ach mu dheireadh thall ràinig na Daoine Geala na raointean agus thòisich am milleadh.

Nuair a chunnaic iadsan cho pailt 's a bha am buabhal, cha b' urrainn na b' fheàrr na ionnsaigh a thoirt orra leis na raidhfilean. Bha seo anns na h-1870an, agus tha e air aithris gu robh iad a' marbhadh timcheall air millean dhiubh anns a' bhliadhna. Mus deach crìoch air na h-1880an, cha robh buffalo ri fhaicinn air raon. Bha 'n Duine Ruadh a-nis air an allaban, gun bheòshlaint aige.

Ma bheir duine sùil air an eachdraidh, tha e doirbh an co-dhùnadh seo a sheachnadh: nach eil sluagh eile fon ghrèin cho sgriosail, millteach ri na Daoine Geala, mar gum biodh an t-olc sin gu sònraichte nan gnè.

Anns a' chòigeamh linn deug thuirt an Spàinnteach, Bartolome de La Casa, gur iongantach mura tigeadh breitheanas mar thoradh air an olc a rinneadh anns a' Charibbean. 'S e sluagh coibhneil, càirdeil a bha a' fuireach an sin nuair a thàinig na Spàinntich ann, agus ghabh iadsan cothrom air sin gus cur às dhan t-sluagh sin. Dh'innis La Casa gun deach trì millean dhiubh a mharbhadh, ann an caochladh dhòighean, eadar 1494 agus 1508.

Tha còrr air ceithir cheud bliadhna bho sgrìobh La Casa an eachdraidh air an robh e na shùil-fhianais. 'S e brìgh an t-seanchais a bh' aige gu robh na daoine a bha fo bhratach a' chreideimh Chrìosdail na b' oillteile nan dòighean na bha 'n fheadhainn nach fhaca Bìoball a-riamh. Gu nàdarrach, cha do chòrd na thuirt La Casa ri na Daoine Geala; 's e a' bhreug a b' fheàrr. Mar sin, cha deach mòran èisteachd a thoirt dha, agus cha do nochd an leabhar aige ro thric a-nuas tro na linntean. 'S ann faisg air deireadh na linne seo a fhuair an eachdraidh a sgrìobh e a h-àite fhèin.

Dh'innis esan mar a bha an sluagh air an tug e iomradh sona, dòigheil gus an tàinig na Spàinntich nan lùib; chreach iadsan an t-àite a-muigh 's a-mach. Ach cha b' ann an aon àite bha 'n t-olc: 's e 'n fhìrinn gun rinn na h-Eòrpaich air fad milleadh mòr air na dùthchasaich ge b' e àite anns an tàinig iad suas riutha. Mar dhearbhadh air sin, tha na Tùsanaich ann an Astràilia a-nis a' togail an guthan.

Saoil an tàinig am breitheanas air an robh La Casa a' bruidhinn? Biodh sin mar a dh'fhaodas: cha bu luaithe bha na h-Eòrpaich gu ìre a' riaghladh an t-saoghail na thug iad làmh air a chèile ann an cogadh cho uabhasach 's a chunnacas a-riamh. Mar a dh'innis mi mu thràth, bha mi fhìn nam shùil-fhianais air a' bhuaidh a bha aig a' chogadh sin air cùisean nuair a bha mi ag èirigh suas.

Cha leig mi a leas làmh a chur air leabhar-eachdraidh: dh'fhàg Dòmhnall MacLeòid a bh' ann an Liùrbost cunntas againn air mar a bha. Chunnaic esan an cogadh bho thoiseach gu dheireadh, na shùil-fhianais, mar gum bitheadh, anns an Fhraing agus anns na Dardanelles. Nach ann air a chaidh an seun: cha deach fiù leòn air.

Thug e iomradh gu sònraichte air aon là anns an Fhraing ann an 1915. "Fhuair sinn òrdugh," ars esan, "an trainnse fhàgail gus ionnsaigh a thoirt air na Gearmailtich. Cha d' fhuair sinn na b' fhaisg' orra," thuirt e, "na còig slat fichead agus chaill sinn seachd ceud, eadar na bha marbh agus leònte, anns an aon là. Am buidheann anns an robh mise," ars esan, "'s e còignear againn a fhreagair an *Roll Call* an oidhche sin."

Sin an dearbh là ann an 1915 air an deach an *Lusitania* a chur fodha. Chualas mòran mun ghnìomh sin a chionn 's gu robh luchd-turais innte. 'S e 'n fhìrinn, ged-tà, gu robh stuth-cogaidh innte cuideachd, agus bha a' Ghearmailt air rabhadh a thoirt dhan luchd-turais gu robh iadsan buailteach ionnsaigh a thoirt oirre.

Nam òige bha nàbaidh tac-an-dorais agam a thug fad a' chogaidh ud air na bàtaichean-malairt. Chaidh a thogail trì tursan bho bhàrr na mara. Chuala mi e a' bruidhinn air an sgrios a chunnacas aig muir. B' aithne dhomh duin' eile a bha a' cumail a-mach gun thachair rudeigin sònraichte ann an 1914, mar gum b' e siud toiseach tòiseachaidh aig an t-saoghal a' tighinn gu deireadh ged a dh'fhaodadh greis a bhith ann mus tigeadh a' chùis gu buil.

Biodh sin mar a dh'fhaodte: ann an 1914 bha na h-Eòrpaich air na meidhean agus chan eil teagamh ann nach tàinig iadsan goirid. Anns an Fhraing, mar eisimpleir, 's e 'n t-Iarla Haig a bha os cionn feachd Bhreatainn, agus tha e air aithris mu thimcheall nach b' urrainn dha nochdadh ann an ospadal airm air eagal 's gu faiceadh e buil na h-obrach anns an robh e an sàs. Tha sin fhèin ag innse an t-seanchais.

A-rithist, mar gum biodh còmhradh La Casa air a thighinn fo theachd, chaidh na h-eaglaisean a chur air na meidhean. Cha do rinn gin dhiubh, le fios dhomh, Caitligeach no Pròstanach, gearain làidir sam bith an aghaidh na sgrios a bh' ann. Cha ghann nach cualas ùrnaigh a' dol suas - à Breatainn agus às a' Ghearmailt - agus gach taobh ag iarraidh buaidh. Chualas duan eile cuideachd. "Saoil cò an ùrnaigh ris an èist Esan a-nis is iad le chèile cho diadhaidh?"

Aig an dearbh àm anns an robh an fhuil ga dòrtadh anns an Roinn-Eòrpa, thall an Aimeireagaidh bha an riaghaltas an sin air nì sònraichte a ghabhail os làimh: dh'fheumadh an sgrios a rinneadh air na Daoine Ruadha a bhith falaichte. Nan tigeadh an t-olc a bh' ann am follais, càit am fàgadh sin an ìomhaigh bhrèagha a bha riaghaltas Aimeireagaidh a' cumail ris an t-saoghal? Ged as neònach ri aithris e, chunnaic mi an dearbh nì ga chur an gnìomh nam là fhìn.

Anns an sgoil dhan deach mi nam òige cha chuala mi guth mun eachdraidh sin ris an canar 'Na Fuadaichean'. Eadhan am measg nan daoine mun dachaigh, cha robh dad mun chùis na b' fheàrr na fathann. Mura b' e gun tàinig an seanchas an uachdar anns na bliadhnaichean a bh' air thoiseach òirnn, chanadh daoine nach robh a leithid de dh'eachdraidh a-riamh ann.

Thachair an dearbh rud a bha sin anns na sgoiltean air taobh eile a' Chuain Shiair: chaidh eachdraidh an

Duine Ruaidh a dhubhadh às. Nach e luchd-riaghlaidh Bhreatainn agus Aimeireagaidh a bha le chèile gòrach. Feumaidh e bhith nach do leugh iadsan na briathran a tha sgrìobhte anns an t-seann leabhar: "Oir chan eil nì air bith falaichte nach foillsichear; agus cha robh nì air bith an cleith nach tig am follais."

A-rithist, air gach taobh dhen Chuan Shiar cha b' e eachdraidh a-mhàin a bha air a cleith: chaidh gliocas a bha sònraichte air dìochuimhne cuideachd. Chan eil an teagamh as lugha ann nach robh eòlas math aig na Daoine Ruadha air an dearbh chuspair a tha a' togail dragh san là a th' ann: an àrainneachd. Mar a thuirt fear dhiubh anns an linn a dh'fhalbh:

"Ge b' e air bith dè thachras dhan talamh, tachraidh sin do chloinn na talmhainn. Cha b' e duine rinn eige na beatha, chan eil e ach na aon dual dheth. Rud sam bith a nì e air an eige sin, tha e ga dhèanamh air fhèin." Tha mi 'm beachd gu robh an gliocas sin cuideachd aig na Gàidheil a bh' ann o chian.

Meall bhliadhnaichean air ais chunnaic mi eisimpleir air a' ghliocas sin. Tha loch mara làmh ris a' bhaile air an tug mi iomradh mu thràth, agus mar a thachair chaidh sìol èisg a leigeil mu sgaoil ann. Bu shuarach an ùine gus am facas adag agus cuidhteag ann a bha air leth blasta, ged nach robh iad fhathast mòr gu leòr gus an cur gu margaid.

Aon fheasgar, is mi nam shùil-fhianais, thàinig dà bhàta a-steach an loch agus thug iad leotha gach beathach èisg a bh' anns an uisge. Chan fhacas adag no cuidhteag tuilleadh anns an loch ud.

Ach seo an rud gu bheil mi ag iarraidh: an gliocas a bha fillte anns an t-seanfhacal: "Ma thèid thu le cairt dhan tràigh, teichidh am maorach." B' fhìor sin.

TOISEACH TÒISEACHAIDH

Nach neònach mar a nì briathran grèim air inntinn duine 's gun thu a' dèanamh oidhirp sam bith gus na briathran a th' ann a chumail air chuimhne. Laighidh na facail an siud gun fhios dhut, mar gum bitheadh, agus thig iad a-steach ort nuair as lugha a shaoileas tu. Tha eisimpleir agam air a' chuspair seo a' dol air ais chun nan làithean anns an robh mi nam bhalach anns na 1930an.

Là dhe na bh' ann agus mise, mar bu dual, a' dèanamh deiseil gus am blàr a-muigh a thoirt orm, 's ann a thòisich mo sheanmhair ag innse dhomh mun duine bha seo, a bha a' fuireach anns a' bhaile againn anns an naoidheamh linn deug. Fhad 's a bha mi gam sgioblachadh fhìn thug i iomradh dhomh air briathran sònraichte a chualas aig an duine a bh' ann.

Às bith gu dè bu choireach, feumaidh e bhith gun lean briathran an duine nam chuimhne rè nam bliadhnaichean. Thàinig an còmhradh aige a-steach orm às ùr mus do chuir mi na rannan a leanas ri chèile. Gu dearbha, bha na thubhairt e aig bun na cùise.

Mar sin, rinn mi beagan rannsachaidh mu eachdraidh an duine. Tha mi a' deanamh dheth gun rugadh e ann an 1830 agus tha fios agam gun dh'eug e ann an 1905. 'S e croitear a bh' ann dheth ach bha a' mhuir gu mòr air aire. Bha an t-iasg pailt agus bha sin fàbharach dhàsan, oir bha taigh-saillidh làmh ris am beul Loch Ùrnabhaigh aig bonn Beinn an Staradh.

A' mhadainn a bha seo rinn esan mocheirigh mar a b' àbhaist agus, mar bu dual do dh'iasgair, chaidh e a-mach gus breith a thoirt air an aimsir; ach air dha tilleadh a-steach cha b' ann air an aimsir a thug e tarraing.

"Thog iadsan," ars esan, "ceò gu math tràth an-diugh." Sin na briathran a thàinig gum chuimhne mar chloich às an adhar, na facail cho ùr dhomh 's ged a bhithinn air ais anns na 1930an ag èisteachd ris an t-seanchas. Cha b' ann air nàbaidh tac-an-dorais a bha 'n duine ud a' bruidhinn idir, ged a shaoileadh neach gur ann. 'S ann a bha esan a-mach air na daoine-sìthe, anns an robh e a' creidsinn gu làidir.

Chan urrainn nach e saoghal inntinneach a bh' aig an duine ud - 's beag feum a bhiodh aige air telebhisean - ma bha e dha-rìribh a' faicinn nan daoine air an tug e iomradh. A-nis, chan eil lorg sam bith agamsa an robh no nach robh na daoine-sìdhe ann. A-nuas tro na linntean bha na Gàidheil dhen bheachd gu robh a leithid siud de shluagh ann. Fàgaidh mise m' inntinn fosgailte.

Tha amharas agam, ged-tà, gu robh an dà-shealladh aig an duine air an tug mi iomradh. Bha 'n sealladh sin ann o thùs agus tha e ann fhathast le fios dhomh fhìn. Mar sin faodaidh e bhith gur e a chunnaic an duine ud ach ceò na mònach ag èirigh bho chnoc fraoich a bha làmh ri far a bheil taighean-còmhnaidh an-diugh.

A-rithist, 's math dh'fhaodte nach robh aig an duine ud ach criomag dhe na rudan a dh'fhiosraich na Gàidheil anns na linntean o chian nuair a bha dàimh shònraichte aca ris an t-saoghal a bha mun timcheall. Bha seo mus tàinig na brisidhean a bha nan eachdraidh. 'S ann chun a sin a tha mi ag iarraidh anns na rannan a leanas.

An Cearcall

Nuair a chaidh na Gàidheil fhuadach,
Theich na daoine-sìdh' 's cha till;
Cha robh ach caoraich air an fhearann -
Bha 'n cearcall brist' 's cha togte fonn.

Saoil am facas sam tìm chaidh thairis
Daoine-sìdh' a' danns air fonn,
A' cur seun air uisge 's monadh,
An cearcall slàn 's gun togte fonn?

Chì mi rubha air loch uisge,
Leum-a-chrann a' sreap ri bhruaich,
Osag gaoithe a' tighinn le aoibhneas,
Ach tha 'n cearcall brist' 's cha tog leam fonn.

Siaban mara air Beinn an Staradh,
Adhar dearg a' bagairt stoirm -
Fàgaidh an sealladh mi fo gheasaibh,
Ach tha 'n cearcall brist' 's cha tog leam fonn.

Innsidh an coigreach dhomh sa Bheurla
Na chunnaic e na chuairt a-raoir,
Ach chan fhac' esan mar a chunna mise,
Ged tha 'n cearcall brist' 's nach tog leam fonn.

Oir thàinig thugam mar aiteal grèine
Saoghal eile a' tighinn air fàire,
A' cumail taice rium san raon seo
Gus an dùinear mi sna clàraibh.